अल्फ़ाज़

EK DARD, KHUSHI AUR DASTAAN

हर्षित अग्रवाल

Copyright © Harshit Agrawal
All Rights Reserved.

क्रम-सूची

क्रम-सूची

क्रम-सूची

क्रम-सूची

क्रम-सूची

क्रम-सूची

प्रस्तावना

जब हम अकेले चलते हैं एक ऐसे रास्ते पे जिसके बारे में हमको पहले से कुछ नहीं पता होता है तो हमे कुछ नया सिखने को मिलता है | नए रिश्ते बनते हैं, नए चेहरे दिखते हैं, और नयी उम्मीदें मिलती हैं कुछ करने के लिए, कुछ पाने के लिए इस बीच आप अपने शब्दो को सजाना सीखते हैं, साझा करना सीखते हैं, शब्द और कुछ नहीं अल्फ़ाज़ ही होते हैं |

कुछ अपने अल्फ़ाज़ अपने दिल की गहराई में दबा देते हैं तो कुछ उनको बयां कर देते हैं लेकिन कुछ मेरे जैसे इंसान होते हैं जो ना बयां कर पाते हैं ना ही दबा के रख पाते हैं पर वो उन अल्फ़ाज़ों को पन्नों की बाहों में स्याही की खूबसूरती से तराश देते हैं | अल्फ़ाज़ सिर्फ मेरे लिए एक किताब नहीं हैं, ये एक दर्द, ख़ुशी और दास्तान है | अल्फ़ाज़ की अहमियत क्या होती है वो मैंने बहुत बाद में सीखा पर उससे पहले अल्फ़ाज़ को लिखना मैंने शुरु कर दिया था |

इन कुछ गुज़रे सालों में जो कुछ मैंने देखा, सीखा और समझा उन सारी अनुभूतिओं को मैंने अल्फ़ाज़ में लिख दिया और इन पन्नों पे लिखी मेरी हर एक शायरी आपको वो हर एक एहसास करवाएगी जो मैंने भी की थी | शायरिओं की ये रचना आप सभी का इंतज़ार कर रही है |

पावती (स्वीकृति)

ज़िन्दगी में कोई भी काम करते समय आपको पग-पग पर सहायता की ज़रुरत होती है | मुझे भी अल्फ़ाज़ की रचना के समय सहायता की जरुरत पड़ी थी, कभी रास्ते से भटक जाता तो रास्ते पे लाने के लिए पड़ी इससे मुझे अल्फ़ाज़ को पूरा करने की उम्मीद मिली |

सबसे पहले मैं अपना आभार श्री कान्हा जी को देना चाहूंगा क्योंकि उनके ही आशीर्वाद से मुझे लिखने का अनमोल तोहफा मिला और कल्पना करने की असीम शक्ति भी मिली |

मैंने कभी उम्मीद खोने के बारे में नहीं सोचा क्योंकि मेरे पास मेरे जीवन के दो रत्न हैं जो मुझे जीतने का जस्बा देते हैं लिखने की हिम्मत देते हैं वो दो मेरे बेस्ट फ्रेंड्स हैं |

अमृता पांडे, बेस्ट फ्रेंड, गाइड, शुभचिंतक | मेरी शायरी का कारवां अमृता से शुरू हुआ क्यों कि सबसे पहले शायरी मैंने इनके लिए लिखनी शुरू की थी और आज भी लिखता हूँ | अमृता ने मुझे कभी नीचे गिरने नहीं दिया हर वक्त मेरे साथ खड़ी रही मेरे सुख-दुःख, मेरे कामयाबी में और मुझे निराशा से निकल कर जीतने की उम्मीद दी | अल्फ़ाज़ की सबसे पहली पाठक अमृता हैं और मैं इनका आभार प्रकट करता हूँ क्योंकि इन्होने ही मेरी किताब की हिंदी सुधारी हैं | अमृता मेरे जीवन में बहुत महत्वपूर्ण और विशेष व्यक्ति हैं और इनकी जगह मेरी पूरी ज़िन्दगी में कोई भी नहीं ले सकता है |

मुस्कान दयाल, बेस्ट फ्रेंड, गाइड, शुभचिंतक | मैं मुस्कान का आभार प्रकट करता हूँ क्योंकि इन्होने मुझे हर एक कायक्रम में सम्मिलित होने के लिए प्रोत्साहन दिया और मेरी घबराहट को

कम किया और साथ ही साथ मुझे आगे बढ़ने के लिए प्रेरणा दी | मेरे साथ हर वक़्त मुस्कान थी जब-जब मुझे इनकी जरुरत थी | सबसे बड़ी सीख मुझे मुस्कान ने सिखायी की ज़िन्दगी बहुत कीमती होती है | मुस्कान मेरी ज़िन्दगी में बहुत खास है | इनकी जगह मेरी पूरी ज़िन्दगी में कोई भी नहीं ले सकता है |

सिमरन वर्मा और सरगम वर्मा, बहनें, गुड फ्रेन्डस | ये दोनों मेरी बहनें भी हैं और दोस्त भी | इन्होने मुझे हमेशा बहन का प्यार दिया और दोस्त बन के समझाया और हर वक़्त मेरे साथ थी |

नेहा मिश्रा, गुड फ्रेंड, सहायक | मैं नेहा का आभार प्रकट करता हूँ क्योंकि इन्होने ही अल्फ़ाज़ की हिंग्लिश सुधारी, साथ ही साथ प्रूफ रीडिंग भी की और 'अबाउट द बुक' भी लिखा | और नेहा मेरी हर वक़्त सहायता करती हैं जब-जब मुझे आवश्यकता हुई और ये मेरी वो गुड फ्रेंड हैं जिनको पता चल ही जाता था की मैं उदास हूँ भले ही मैं इनको कुछ ना बताऊ तो भी | फिर मुझे ये मनाती और अंतः मुझे मना ही लेती हैं |

मेरी किताब को पढ़ने और महसूस करने के लिए मेरे प्यारे पाठकों को धन्यवाद।

कवर फोटो और उप शीर्षक क्रेडिट

किताब के कवर फ़ोटो का क्रेडिट मेरी बेस्ट फ्रेंड मुस्कान दयाल को जाता है | मैं इनका दिल से धन्यवाद करता हूँ की इन्होने मुझे इतनी सुन्दर फोटो दी और साथ ही साथ मुझे अनुमति भी दी की मैं उस फोटो को किताब के कवर पे लगा सकूँ |

मेरी ज़िन्दगी में अल्फ़ाज़ का सही मतलब मुझे मुस्कान ने सिखाया | अगर मुस्कान नहीं होती तो मैं अपने अल्फ़ाज़ की अहमियत नहीं समझ पाता | और मैं मुस्कान का आभार प्रकट करता हूँ क्योंकि इन्होने ही अल्फ़ाज़ का उप शीर्षक - 'एक दर्द, ख़ुशी और दास्तान' दिया मुझे |

कवर फोटो क्लिक करने का श्रेय फोटोग्राफर मोहम्मद महताब आलम को जाता हैं |

1. शायरी 01

अल्फ़ाज़ कम पड़ जाते हैं
आपके बारे में लिखने में कान्हा
ये सृष्टि आपकी, ये जग आपका, ये जीवन आपका
पर हम सब असमर्थ हैं आपकी माया समझने में कान्हा

Alfaaz Kam Pad Jate Hain
Aap Ke Baare Mein Likhne Mein Kanha
Ye Srishti Aapki, Ye Jag Aapka, Ye Jeevan
Aapka
Pr Hum Sab Asamarth Hain Aapki Maya
Samjhne Mein Kanha

2. शायरी 02

पूछा मैंने एक चिड़िया से उसके घर का पता
कहती है घाट किनारे मैं रहती हूँ
शाम सवेरे वहां गाती हूँ
आ जाना मिलने कभी
तुम्हे बनारस की सैर कराती हूँ

Pucha Maine Ek Chidiya Se Uske Ghar Ka
Pata
Kehti Hai Ghat Kinare Main Rahti Hoon
Shaam Savere Waha Gaati Hoon
Aa Jana Milne Kabhi
Tumhe Banaras Ki Sair Karati Hoon

3. शायरी 03

लिखता हूँ तो अपनी बात बताने को
कलम से रूह की जज़्बात समझाने को
फरक नही पड़ता कितनी बार गिरु मैं
उठता हूँ फिर मैं,स्याही कागज पे चलाने को

Likhta Hoon To Apni Baat Batane Ko
Kalam Se Rooh Ki Jazbaat Samjhaane Ko
Farak Nahi Padta Kitani Baar Giru Main
Uthta Hoon Fir Main, Syaahee Kagaz Pe
Chalane Ko

4. शायरी 04

तूने मेरी ज़िन्दगी को सरे आम बदनाम कर दिया
खुद से ही मुझे अंजान कर दिया
जहां खिला करते थे गुलशन कभी
तूने तो उसको शमशान कर दिया

Tune Meri Zindagi Ko Sare aam Badnam Kar
Diya
Khud Se Hi Mujhe Anjaan Kar Diya
Jaha Khila Karte The Gulshan Kabhi
Tune To Usko Shamshan Kar Diya

5. शायरी 05

जन्नत-ए-मोहब्बत, तुम्ही को कहते हैं
शाम सवेरे हम तुम्ही को देखते हैं
नूर-ए-हुस्न, जो पाया है तूने
तेरी इन्हीं कातिलाना अदाओं पे तो हम मरते हैं

Jannat-E-Mohabbat, Tumhi Ko Kehte Hain
Shaam Savere Hum Tumhi Ko Dekhte Hain
Noor-E-Husn, Jo Paya Hai Tune
Teri Inhi Qatilana Adaon Pe To Hum Marte
Hain

6. शायरी 06

जब यादों के दरिया में गोते लगाते है हम
जब यादों के दरिया में गोते लगाते है हम
तो मिलती हैं खुशियां तो कभी मिलते है गम
तो मिलती हैं खुशियां तो कभी मिलते है गम

Jab Yaadon Ke Dariya Mein Gote Lagaate Hai
Hum
Jab Yaadon Ke Dariya Mein Gote Lagaate Hai
Hum
To Milti Hain Khushiyaan To Kabhi Milte Hai
Gam
To Milti Hain Khushiyaan To Kabhi Milte Hai
Gam

7. शायरी 07

क्यों तुझे अब तक मैं भुला नहीं पाया हूँ
अपने ज़हन से तुझे निकाल नहीं पाया हूँ
पूछता हूँ ये सवाल खुद से मैं
की तेरी तस्वीर अब तक मैं जला क्यों नहीं पाया हूँ

Kyon Tujhe Ab Tak Main Bhula Nahi Paya
Hoon
Apne Zehan Se Tujhe Nikaal Nahi Paya Hoon
Puchta Hoon Ye Sawal Khud Se Main
Ki Teri Tasveer Ab Tak Main Jala Kyon Nahi
Paya Hoon

8. शायरी 08

पिरो के यादों को, चलता चला मैं
गिरते संभलते आगे बढ़ता चला मैं
डरा नहीं कभी अपनी नाकामी देख के
पर उठ के अपनी तकदीर बुनता चला मैं

Piro Ke Yaadon Ko, Chalta Chala Main
Girte Sambhalte Aage Badhta Chala Main
Dara Nhi Kabhi Apni Naakami Dekh Ke
Par Uth Ke Apni Taqdeer Bunta Chala Main

9. शायरी 09

तू मेरी ज़िन्दगी से जिस दिन चली गयी
तो मैं कुछ ना लिख पाऊंगा
ये कलम मेरी रोएगी
और मैं तेरे बारे में कुछ ना लिख पाऊंगा

Tu Meri Zindagi Se Jis Din Chali Gayi
To Main Kuch Na Likh Paunga
Ye Kalam Meri Roegi
Aur Main Tere Baare Mein Kuch Na Likh
Paunga

10. शायरी 10

कारवां ये ज़िन्दगी का चलता है
रुकता नहीं पर हर वक़्त बदलता है
तराशो तुम अपने ख्वाबों को ऐसे
जैसे हर परिन्दा उस गगन में बेखौफ उड़ता है

Kaaravan Ye Zindagi Ka Chalta Hai
Rukta Nahi Par Har Waqt Badlta Hai
Tarasho Tum Apne Khwabon Ko Aise
Jaise Har Parinda Us Gagan Mein Bekhauf
Udta Hai

11. शायरी 11

नखरे करती हो और फ़िक्र भी
फिर मुझे डांट के समझाती हो
तुमसे गुफ्त-गु करना मुझे अच्छा लगता है
क्योंकि मेरी हर पहेली का जवाब तुम बन जाती हो

Nakhre Karti Ho Aur Fikr Bhi
Phir Mujhe Daant Ke Samjhaati Ho
Tumse Guft-gu Karna Mujhe Accha Lagta Hai
Kyonki Meri Har Paheli Ka Jawab Tum Ban
Jaati Ho

12. शायरी 12

तेरी सारी याद मैंने जला दी
राख बना के उनको उड़ा दी
अब नहीं देखना चाहता तेरी शक्ल मैं
अपनी किस्मत से तेरी लकीर भी मैंने मिटा दी

Teri Saari Yaad Maine Jala Di
Raakh Bana Ke Unko Uda Di
Ab Nahi Dekhna Chahta Teri Shakl Main
Apni Kismat Se Teri Lakeer Bhi Maine Mita Di

13. शायरी 13

ना यकीन है तुझे
तो आ के मेरा हाथ देख ले
मिलनी नहीं है तुझे तेरे नाम की लकीर इनमे
अब तू मुझे अकेलेपन के साथ देख ले

Naa Yakeen Hai Tujhe
To Aa Ke Mera Haath Dekh Le
Milni Nahi Hai Tujhe Tere Naam Ki Laqeer
Inme
Ab Tu Mujhe Akelepan Ke Saath Dekh Le

14. शायरी 14

हमने कह दी जो बात, तुम आज़मा के तो देखो
मोहब्बत की स्याही को दिल पे लगा के तो देखो
दुनिया में नुमाइश तुम उसी की करोगे हरदम
बस एक बार इश्क के नशे में आ के तो देखो

Humne Keh Di Jo Baat, Tum Aazama Ke To
Dekho
Mohabbat Ki Syaahee Ko Dil Pe Laga Ke To
Dekho
Duniya Mein Numaish Tum Usi Ki Karoge
Hardam
Bas Ek Baar Ishq Ke Nashe Mein Aa Ke To
Dekho

15. शायरी 15

आँसुओं के भी बहुत अल्फ़ाज़ होते हैं
आँसुओं के भी बहुत अल्फ़ाज़ होते हैं
बस हम पढ़ नहीं पाते हैं
वरना वो बहुत कुछ बयां कर जाते हैं

Aansuon Ke Bhi Bahut Alfaaz Hote Hain
Aansuon Ke Bhi Bahut Alfaaz Hote Hain
Bas Hum Padh Nahi Pate Hain
Varna Vo Bahut Kuch Baya Kar Jate Hain

16. शायरी 16

मंज़िल-ए-मुकाम आसानी से नहीं मिलती है
उसके लिए हमको मेहनत करनी पड़ती है

Manzil-E-Maukam Aasani Se Nahi Milti Hai
Uske Liye Humko Mehnat Karni Padti Hai

17. शायरी 17

तूने मेरी रूह को इस कदर मोड़ दिया
मेरे दिल को भी तूने टुकड़ों में तोड़ दिया
बेहया तू तो था ही सनम
की दर्द की अनजानी राहों पे तूने मुझे अकेला छोड़ दिया

Tune Meri Rooh Ko Is Kadar Mod Diya
Mere Dil Ko Bhi Tune Tukdon Mein Tod Diya
Behaya Tu To Tha Hi Sanam
Ki Dard Ki Anjani Raahon Pe Tune Mujhe Akela
Chhod Diya

18. शायरी 18

परिंदा हूँ मैं उड़ना चाहता हूँ आसमान में
इतना ऊंचा की नीचे देख के डर ना लगे
इरादों के पंखों से बना दू नाम अपना इस गगन में
की आगे बढ़ के उड़ने में, डर ना लगे

Parinda Hoon Main Udna Chahta Hoon
Aasmaan Mein
Itna Ooncha Ki Neeche Dekh Ke Dar Na Lage
Iraadon Ke Pankhon Se Bana Du Naam Apna
Is Gagan Mein
Ki Aage Badh Ke Udne Mein, Dar Na Lage

19. शायरी 19

वक़्त लग जाता हैं सम्भलने में
गिर के, उठ के, चलने में
ऐ मेरे दोस्त ये ज़िन्दगी का दस्तूर हैं
यहाँ मेहनत लग जाती हैं नाम कमाने में

Waqt Lag Jaata Hain Sambhalne Mein
Gir Ke, Uth Ke, Chalne Mein
Ae Mere Dost Ye Zindagi Ka Dastoor Hain
Yahan Mehanat Lag Jaati Hain Naam Kamane
Mein

20. शायरी 20

जब खुदा से बहन मांगी
तो मेरी वो दुआ कबूल हुई
मुझे उन्होंने दो बहनों से नवाज़ा
और मेरी ज़िन्दगी में
बहनों के प्यार की खुशियां शामिल हुई

Jab Khuda Se Behan Mangi
To Meri Vo Dua Kabul Hui
Mujhe Unhone Do Behanon Se Nawaza
Aur Meri Zindagi Mein
Behanon Ke Pyar Ki Khushiyan Shaamil Hui

21. शायरी 21

मेरी ज़िन्दगी के सफर में तेरा ही तो साथ चाहिए
इस इश्क़ के आशियाने में, सिर्फ तेरा ही तो हाथ चाहिए

Meri Zindagi Ke Safar Mein Tera Hi To Saath
Chahiye
Iss Ishq Ke Aashiyane Mein, Sirf Tera Hi To
Haath Chahiye

22. शायरी 22

तूफ़ान में जब कश्ती फस सी जाती हैं
उन लहरों की भी वो मार खाती हैं
मज़बूत होता है इरादा उसका
की समन्दर को भी चीर के वो अपना रास्ता बनाती हैं

Toofan Mein Jab Kashti Fas Si Jaati Hain
Un Lahron Ki Bhi Vo Maar Khati Hain
Mazboot Hota Hai Irada Uska
Ki Samandar Ko Bhi Chir Ke Vo Apna Rasta
Banati Hain

23. शायरी 23

तुमने मेरे आंसू पोंछे हैं ना
तुम्हारे लिए सारे गम भी सह सकता हूँ
कभी तुम्हारे चेहरे से मुस्कान कम हुई ना
तो पूरी दुनिया को रुला सकता हूँ

Tumne Mere Aansoo Ponche Hain Naa
Tumhare Liye Saare Gam Bhi Seh Sakta Hoon
Kabhi Tumhare Chehre Se Muskan Kam Hui
Naa
To Puri Duniya Ko Rula Sakta Hoon

24. शायरी 24

आँखें जब भी बंद करता हूँ
वो सामने नज़र आती है
उस रब से ये सवाल अक्सर पूछता हूँ
की तख़य्युल उसी की क्यों होती है

Aankhen Jab Bhi Band Karta Hoon
Vo Samne Nazar Aati Hai
Us Rab Se Ye Sawal Aksar Puchta Hoon
Ki Takhayyul Usi Ki Kyon Hoti Hai

25. शायरी 25

रुला के सताती भी हो और हसाती भी हो
नाराज़ होती भी हो और करती भी हो
तुम ही तो हो मेरी मुस्कान
जो मान जाती भी हो और मनाती भी हो

Rula Ke Satati Bhi Ho Aur Hasati Bhi Ho
Naraz Hoti Bhi Ho Aur Karti Bhi Ho
Tum Hi To Ho Meri Muskan
Jo Maan Jaati Bhi Ho Aur Manati Bhi Ho

26. शायरी 26

मंज़िल को पाने में काँटे बहुत होते हैं
हम चलते उन रास्तों पे, वो पैरों में चुभते हैं
आसान नहीं होता कामयाबी तक पहुँचना
पर हम मेहनत की सीढ़ी पे आगे बढ़ते हैं

Manzil Ko Paane Mein Kaante Bahut Hote Hain
Hum Chalte Un Raaston Pe, Vo Pairon Mein
Chubhte Hain
Aasan Nahi Hota Kamyabi Tak Pahuchana
Par Hum Mehanat Ki Seedhi Pe Aage Badhte
Hain

27. शायरी 27

हर मर्ज़ की दवा नहीं होती मोहब्बत
कुछ ज़ख्म रह ही जाते हैं
वक़्त भले ही बीत जाये भला
पर वो निशान मिट नहीं पाते हैं

Har Marz Ki Dawa Nahi Hoti Mohabbat
Kuch Zakhm Reh Hi Jate Hain
Waqt Bhale Hi Beet Jaye Bhalaa
Par Vo Nishan Mit Nahi Pate Hain

28. शायरी 28

दुनिया को देखोगे जिस नज़र से
वो दिखेगी तुमको उस नज़र से
ऐ मेरे दोस्त देखना है तो देखो प्रेम से
क्योंकि मैंने भी देखा है हर नज़र से
अगर ना समझ आए तो पूछ लो इस शायर से

Duniya Ko Dekhoge Jis Nazar Se
Vo Dikhegi Tumko Us Nazar Se
Ae Mere Dost Dekhna Hain To Dekho Prem Se
Kyonki Maine Bhi Dekha Hai Har Nazar Se
Agar Na Samjh Aaye To Puch Lo Is Shayar Se

29. शायरी 29

ज़िन्दगी में बहुत खास हो तुम मेरे लिए
तुम्हे रूठा नहीं देख सकता हूँ
नमाज़-ए-मग़रिब हो तुम मेरे लिए
तुम्हारी मुस्कान कम होते नहीं देख सकता हूँ

Zindagi Mein Bahut Khaas Ho Tum Mere Liye
Tumhe Rootha Nahi Dekh Sakta Hoon
Namaz-E-Maghrib Ho Tum Mere Liye
Tumhari Muskan Kam Hote Nahi Dekh Sakta
Hoon

30. शायरी 30

जिस इंसान से बेइंतहा मोहब्बत की थी मैंने
आज उसी से नफ़रत करती हूँ
ना जाने ऐसा क्यों होता है
कि मैं उसे भुला नहीं पाती हूँ

Jis Insan Se Beintehaa Mohabbat Ki Thi Maine
Aaj Usi Se Nafrat Karti Hoon
Na Jaane Aisa Kyon Hota Hai
Ki Main Use Bhula Nahi Paati Hoon

31. शायरी 31

तेरी दोस्ती का रिश्ता बड़े कमाल का हैं
उदास दिख जाऊ तो जान जाती हो कि हाल क्या हैं
हुआ क्या है मुझे अगर ना बताऊ
ये चेहरा पढ़ के जान जाती हो कि बात क्या हैं

Teri Dosti Ka Rishta Bade Kamal Ka Hain
Udaas Dikh Jau To Jaan Jaati Ho Ki Haal Kya
Hain
Hua Kya Hai Mujhe Agar Na Batau
Ye Chehra Padh Ke Jaan Jaati Ho Ki Baat Kya
Hain

32. शायरी 32

अगर तेरी आँखों में आंसू हो
तो मैं सो नहीं सकता
अगर तेरे चेहरे पे मुस्कुराहट हो
तो मैं कभी रो नहीं सकता

Agar Teri Aankhon Mein Aansoo Ho
To Main So Nahi Sakta
Agar Tere Chehre Pe Muskurahat Ho
To Main Kabhi Ro Nahi Sakta

33. शायरी 33

जो ज़ख्म तूने हर्षित को दिए हैं
उसका इलाज तुम ही हुआ करती थी
आज वो दर्द से कापता हैं
ये सोच के, कि कभी तुम उसके पास हुआ करती थी

Jo Zakhm Tune Harshit Ko Diye Hain
Uska Ilaaj Tum Hi Hua Karti Thi
Aaj Vo Dard Se Kaapta Hain
Ye Soch Ke, Ki Kabhi Tum Uske Paas Hua
Karti Thi

34. शायरी 34

दिल में जो बात हो
वो पन्नों पे लिख दे
पढ़ के आप समझ जाये
ऐसी कहानी एक शायर लिख दे

Dil Mein Jo Baat Ho
Vo Panno Pe Likh De
Padh Ke Aap Samjh Jaye
Aisi Kahani Ek Shayar Likh De

35. शायरी 35

गुस्ताखी जो की मैंने, तुमसे मोहब्बत करने की
ये गलती मैं बार-बार करूँगा
तुम्हे जो सज़ा देनी हैं दे दो मुझे
पर मैं तुम्हारा हो के रहूँगा

Gustakhi Jo Ki Maine, Tumse Mohabbat Karne
Ki
Ye Galti Main Baar-Baar Karunga
Tumhe Jo Saza Deni Hain De Do Mujhe
Par Main Tumhara Ho Ke Rahunga

36. शायरी 36

कदर करो उनकी जो आपकी कदर करते हैं
हमेशा साथ रहो उनके जो आपसे प्यार करते हैं

Kadar Karo Unki Jo Aapki Kadar Karte Hain
Hamesha Saath Raho Unke Jo Aapse Pyar
Karte Hain

37. शायरी 37

कुछ पराये हो कर भी अपने बन जाते हैं
कुछ अपने होकर भी बहुत सताते है
ऐ मेरे दोस्त ये तो ज़िन्दगी का कारवां हैं
जहां लोग एक दूसरे के घर में ही आग लगाते हैं

Kuch Paraaye Ho Kar Bhi Apne Ban Jaate Hain
Kuch Apne Hokar Bhi Bahut Sataate Hai
Ae Mere Dost Ye To Zindagi Ka Kaaravan Hain
Jaha Log Ek Dusre Ke Ghar Mein Hi Aag
Lagate Hain

38. शायरी 38

मुझे याद तेरी कभी आए नहीं
ऐसा पल भी मैं ला दूंगा
जो नफ़रत मेरे दिल में हैं
तेरी सारी तस्वीर जला दूंगा

Mujhe Yaad Teri Kabhi Aaye Nahi
Aisa Pal Bhi Main La Dunga
Jo Nafrat Mere Dil Mein Hain
Teri Saari Tasveer Jala Dunga

39. शायरी 39

हमने मांगा ही नहीं था उनको
पर वो दुआ बन के मिल गए
जैसे मिल गए इस फकीर को
वो इबादत-ए-खुदा बन के मिल गए

Humne Manga Hi Nahi Tha Unko
Par Vo Dua Ban Ke Mil Gaye
Jaise Mil Gaye Iss Fakeer Ko
Vo Ibaadat-E-Khuda Ban Ke Mil Gaye

40. शायरी 40

कुछ लिखा करती थी वो
अपने खत में बताया होगा
मोहब्बत हमसे करती थी वो
पन्नों के दरमिया जताया होगा

Kuch Likha Karti Thi Vo
Apne Khat Mein Bataya Hoga
Mohabbat Humse Karti Thi Vo
Panno Ke Darmiya Jataya Hoga

41. शायरी 41

समय की रेत हाथों से फिसल जाती है
ज़ख्मो को भी ये भर नहीं पाती हैं
रुक सा जाऊ कहीं तन्हाई में मैं
और ज़िन्दगी की सीख मुझे जीना सिखा जाती है

Samay Ki Ret Hathon Se Fisal Jaati Hain
Zakhmo Ko Bhi Ye Bhar Nahi Paati Hain
Ruk Sa Jau Kahi Tanhai Mein Main
Aur Zindagi Ki Seekh Mujhe Jeena Sikha Jaati
Hain

42. शायरी 42

हमने की है गलती
तो हमको सुधारो ना
यू मुह मोड़ के ना जाओ
हमको बदलो ना
की बना लो अपने काबिल हमें
कुछ इस कदर हमको समझो ना

Humne Ki Hai Galati
To Humko Sudharo Na
Yu Muh Mod Ke Na Jao
Humko Badalo Na
Ki Bana Lo Apne Kabil Hame
Kuch Iss Kadar Humko Samjho Na

43. शायरी 43

एक सवाल रह जाता है मन में
जो मैं पूछ नहीं पाता हूं
लोगो को लगता है मैं भूल गया उसको
पर वो लोग क्या जाने मैं उसको भुला नहीं पाता हूं

Ek Savaal Reh Jata Hai Man Mein
Jo Main Puch Nahi Pata Hoon
Logo Ko Lagta Hai Main Bhul Gaya Usko
Pr Vo Log Kya Jaane Main Usko Bhula Nahi
Pata Hoon

44. शायरी 44

जो गुफ्तगु किया करता था हमसे
आज कल पन्नों के दरमियां खोया रहता है
कुछ बताता नहीं बातें हमसे
अल्फ़ाज़ों में बयां करता रहता है

Jo Guftagu Kiya Karta Tha Humse
Aaj Kal Panno Ke Darmiyan Khoya Rehta Hain
Kuch Batata Nahi Baatein Humse
Alfaazon Mein Baya Karta Rehta Hain

45. शायरी 45

शायरी का कारवां ऐसा शुरू हुआ
शायरी का कारवां ऐसा शुरू हुआ
हम आगे चलते चले
और लिखावट में सुधार आता रहा

Shayari Ka Kaaravan Aisa Shuru Hua
Shayari Ka Kaaravan Aisa Shuru Hua
Hum Aage Chalte Chale
Aur Likhawat Mein Sudhar Aata Raha

46. शायरी 46

जब मिलना था तो मिली नहीं
अब मिल के भी क्या करोगी
वक्त की रेत हाथों में कैद हो नहीं सकती
खैर, कैद कर के भी क्या करोगी

Jab Milna Tha To Mili Nahi
Ab Mil Ke Bhi Kya Karogi
Waqt Ki Ret Haathon Mein Kaid Ho Nahi Sakti
Khair, Kaid Kar Ke Bhi Kya Karogi

47. शायरी 47

मेरी परेशानी का हर जवाब
तेरे होने से मिल जाता है
मेरी ज़िन्दगी का हर ख़्वाब
तेरे साथ होने से सच हो जाता है

Meri Pareshani Ka Har Jawab
Tere Hone Se Mil Jata Hain
Meri Zindagi Ka Har Khwab
Tere Saath Hone Se Sach Ho Jata Hain

48. शायरी 48

तस्वीर-ए-हाल सुनाती है
ना जाने क्यों तुमसे बार-बार रुबरू कराती हैं
महंगा था वो दर्द जो मिला मुझे बेवफाई में
तब भी क्यों तुम्हारी झलक इन आखों में नज़र आती हैं

Tasveer-E-Haal Sunati Hain
Na Jaane Kyon Tumse Baar-Baar Rubaru Karati
Hain
Mehnga Tha Vo Dard Jo Mila Mujhe Bewafai
Mein
Tab Bhi Kyon Tumhari Jhalak In Aankhon Mein
Nazar Aati Hain

49. शायरी 49

बा खुदा मेरी रूह को
जन्नत-ए-सुकून मत देना
मैं इतना भी पाक नहीं
कि उसके काबिल हूं
अगर कुछ देना ही है
तो एक फरियाद है मेरी
कि मुझे ज़ंजीरों में
जहन्नुम-ए-किनारा दे देना
जहन्नुम-ए-किनारा दे देना

Ba Khuda Meri Rooh Ko
Jannat-E-Sukoon Mat Dena
Main Itna Bhi Pak Nahi
Ki Uske Kabil Hoon
Agar Kuch Dena Hi Hain
To Ek Fariyaad Hai Meri
Ki Mujhe Zanjeeron Mein
Jahannum-E-Kinara De Dena
Jahannum-E-Kinara De Dena

50. शायरी 50

दर्द ये दिल में बहुत चुभता है
दर्द ये दिल में बहुत चुभता है
क्या कहें जनाब मरने का मन करता है
क्या कहें जनाब मरने का मन करता है

Dard Ye Dil Mein Bahut Chubhata Hai
Dard Ye Dil Mein Bahut Chubhata Hai
Kya Kahe Janab Marne Ka Man Karta Hai
Kya Kahe Janab Marne Ka Man Karta Hai

51. शायरी 51

रेशम के धागे पे
जब आंसू की एक बूंद गिर जाती है
तो वो धागा नम हो जाता है
वैसे ही तुम्हारी प्यारी बातें
इस दिल को इस कदर भाती है
की वो प्यार के पंछी का आशियाना बन जाता हैं

Resham Ke Dhaage Pe
Jab Aansoo Ki Ek Boond Gir Jaati Hain
To Vo Dhaaga Nam Ho Jata Hain
Vaise Hi Tumhari Pyari Baatein
Is Dil Ko Is Kadar Bhati Hai
Ki Vo Pyar Ke Panchi Ka Aashiyana Ban Jata
Hain

52. शायरी 52

आज जब खुद को तन्हा सा पाया
उसकी यादों की इमारत के नीचे दबा सा पाया
आँसू की गोद में मैं था कहीं खोया
नींद भी नहीं आई और मैं नहीं सोया

Aaj Jab Khud Ko Tanha Sa Paya
Uski Yaadon Ki Imaarat Ke Neeche Daba Sa
Paya
Aansoo Ki God Mein Main Tha Kahi Khoya
Neend Bhi Nahi Aayi Aur Main Nahi Soya

53. शायरी 53

तस्वीर-ए-बेवफा की क्यों दिखाते हो
उस कमज़र्फ लड़की की क्यों याद दिलाते हो
जब मिलता है सुकून अकेले सूफी की राग में
तो क्यों उसकी यादों से रुबरू कराते हो

Tasveer-E-Bewafa Ki Kyon Dikhaate Ho
Us Kamzarf Ladki Ki Kyon Yaad Dilaate Ho
Jab Milta Hain Sukoon Akele Sufi Ki Raag Mein
To Kyon Uski Yaadon Se Rubaru Karate Ho

54. शायरी 54

इतना भी क्या गुस्सा होना
नाराज़ होने की क्या बात है
मान भी जाओ ना अब सनम
रूठने की क्या बात है

Itna Bhi Kya Gussa Hona
Naraaz Hone Ki Kya Baat Hai
Maan Bhi Jao Na Ab Sanam
Roothne Ki Kya Baat Hai

55. शायरी 55

मैं टूट के बिखरने सा लगा हूँ
मायूसी के जाल में जकड़ने सा लगा हूँ
कुछ दिख नहीं रहा साफ़ अब इस शायर को
की अपनी ही किस्मत से मैं लड़ने सा लगा हूँ

Main Toot Ke Bikharne Sa Laga Hoon
Mayusi Ke Jaal Mein Jakadne Sa Laga Hoon
Kuch Dikh Nahi Raha Saaf Ab Iss Shayar Ko
Ki Apni Hi Kismat Se Main Ladne Sa Laga
Hoon

56. शायरी 56

जब दिल टूट जाता है
तो जुड़ने में अरसा लग जाता है
अगर जुड़ भी जाये तो
वो ज़ख्म, वो दर्द, वो निशान रह ही जाता है

Jab Dil Toot Jata Hai
To Judane Mein Arsa Lag Jata Hai
Agar Jud Bhi Jaye To
Vo Zakhm, Vo Dard, Vo Nishaan Reh Hi Jata
Hai

57. शायरी 57

समाज का आईना बन के मैं लिखता हूँ
कलम से लिखी बातों की अहमियत मैं समझता हूँ
कभी-कभी कुछ बातें रह जाती हैं मन में
जो मैं पन्नों के दर्मिया छुपा के रखता हूँ

Samaj Ka Aaeena Ban Ke Main Likhta Hoon
Kalam Se Likhi Baaton Ki Ahmiyat Main
Samajhta Hoon
Kabhi-Kabhi Kuch Baatein Reh Jati Hai Man
Mein
Jo Main Panno Ke Darmiya Chupa Ke Rakhta
Hoon

58. शायरी 58

तेरी तस्वीर को जिस कदर जलाया मैंने
कैसे कह दू की मोहब्बत नहीं है
ये जो दर्द, दिल में समाया मेरे
कैसे कह दू की मोहब्बत नहीं है
लाखों ज़ख्म तुमने दिए मुझे
अब तड़प के मरना भी तो सही है

Teri Tasveer Ko Jis Kadar Jalaya Maine
Kaise Keh Du Ki Mohabbat Nahi Hai
Ye Jo Dard, Dil Mein Samaya Mere
Kaise Keh Du Ki Mohabbat Nahi Hai
Lakho Zakhm Tumne Diye Mujhe
Ab Tadap Ke Marna Bhi To Sahi Hai

59. शायरी 59

परेशान हो तो अपने करीबी को बताना सीख लो
उन जज़्बातों को दिल से निकालना सीख लो
कम हो सी जायेगी तकलीफ तुम्हारी
बस एक बार तुम हमारी सलाह मान ना सीख लो

Pareshan Ho To Apne Karibi Ko Batana Seekh
Lo
Un Jazbaaton Ko Dil Se Nikalna Seekh Lo
Kam Ho Si Jayegi Takleef Tumhari
Bas Ek Baar Tum Humari Salaha Man Na
Seekh Lo

60. शायरी 60

उसको रूठा नहीं देख सकता हूँ
उसको तड़पता नहीं देख सकता हूँ
क्या करूँ मैं, जान है मेरी वो
उसको मरता नहीं देख सकता हूँ

Usko Rootha Nahi Dekh Sakta Hoon
Usko Tadapta Nahi Dekh Sakta Hoon
Kya Karu Main, Jaan Hai Meri Vo
Usko Marta Nahi Dekh Sakta Hoon

61. शायरी 61

जब उदास हो जाऊ मैं
तो किताबों के पन्नों में खुद को पाऊ मैं
हर अक्षर से हैं रिश्ता मेरा
की उसके हर लफ़्ज़ों में नज़र आऊ मैं

Jab Udaas Ho Jau Main
To Kitabon Ke Panno Mein Khud Ko Pau Main
Har Akshar Se Hai Rishta Mera
Ki Uske Har Lafzon Mein Nazar Aau Main

62. शायरी 62

कोशिश तो बहुत की तुझे भुला दूं मैं
पर तू याद बन के रोज़ आ जाती है
दीदार नहीं करना चाहता हूं तेरे मासूम चेहरे का
पर तू ख़्वाबों में अक्सर दिख सी जाती है

Koshish To Bahut Ki Tujhe Bhula Du Main
Par Tu Yaad Ban Ke Roz Aa Jaati Hai
Dedaar Nahi Karna Chaahata Hoon Tere
Masum Chehre Ka
Par Tu Khwabon Mein Aksar Dikh Si Jaati Hai

63. शायरी 63

मोहब्बत-ए-आलम मुझे तेरी ओर बुलाती है
फिर ये हवाओं की रफ्तार भी धीमी सी हो जाती है
सुनता हूं जब दिल की धड़कन तेरी
तो मेरी ये ज़िन्दगी जन्नत सी बन जाती है

Mohabbat-E-Alam Mujhe Teri Or Bulati Hai
Fir Ye Hawaon Ki Raftaar Bhi Dheemi Si Ho
Jaati Hai
Sunta Hoon Jab Dil Ki Dhadkan Teri
To Meri Ye Zindagi Jannat Si Ban Jaati Hai

64. शायरी 64

तेरे लिए पलके झुकाए खड़ी हूँ
इस आस में कि तू एक दिन लौट आएगा
जुदा हुए भले अरसा हो गया हो
यकीन हैं मुझे कि तू वापिस आएगा
और ये दिल-ए-दर्द कम हो जायेगा

Tere Liye Palke Jhukaye Khadi Hoon
Iss Aas Mein Ki Tu Ek Din Laut Aayega
Juda Hue Bhale Arsa Ho gaya Ho
Yakeen Hai Mujhe Ki Tu Wapis Aayega
Aur Ye Dil-E-Dard Kam Ho Jayega

65. शायरी 65

फुरसत मिल जाए तो हमसे बात कर लेना
फुरसत मिल जाए तो हमसे बात कर लेना
कही चाँद के फिराक में
सावन के मौसम को मत खो देना

Fursat Mil Jaaye To Humse Baat Kar Lena
Fursat Mil Jaaye To Humse Baat Kar Lena
Kahi Chand Ke Firaq Mein
Sawan Ke Mausam Ko Mat Kho Dena

66. शायरी 66

तेरी तस्वीर जो मैंने बनायीं थी
ईद के उस चाँद की तरह सजाई थी
सोचा था साथ रहेंगे हर वक़्त हम
उस खुदा से वो दुआ भी मांग लायी थी

Teri Tasveer Jo Maine Banayi Thi
Eid Ke Us Chand Ki Tarah Sajayi Thi
Socha Tha Saath Rahenge Har Waqt Hum
Us Khuda Se Vo Dua Bhi Mang Layi Thi

67. शायरी 67

इश्क के समंदर में भी सैलाब आता है
इश्क के समंदर में भी सैलाब आता है
फिर वो मोहब्बत की कश्ती को भी डुबा ले जाता है
फिर वो मोहब्बत की कश्ती को भी डुबा ले जाता है

Ishq Ke Samandar Mein Bhi Sailab Aata Hai
Ishq Ke Samandar Mein Bhi Sailab Aata Hain
Fir Vo Mohabbat Ki Kashti Ko Bhi Duba Le
Jata Hai
Fir Vo Mohabbat Ki Kashti Ko Bhi Duba Le
Jata Hai

68. शायरी 68

मेरे दिल का कतल करने वाले एक बात याद रखना
तुझे भी बेवफाई मिलेगी
बस तू उस खुदा का इंतज़ार करना
तुझे नूर-ए-जन्नत नहीं जहन्नुम मिलेगी

Mere Dil Ka Katal Karne Wale Ek Baat Yaad
Rakhana
Tujhe Bhi Bewafai Milegi
Bas Tu Us Khuda Ka Intezaar Karna
Tujhe Noor-E-Jannat Nahi Jahannum Milegi

69. शायरी 69

तूने मेरे जिस्म से मेरी रूह को चुरा लिया
मुझे तन्हा अधेरों में छोड़ गया
गैरों से तो बातें करती भी ना थी
आज तो उन्ही का सहारा लेना पड़ गया

Tune Mere Jism Se Meri Rooh Ko Chura Liya
Mujhe Tanha Andheron Mein Chhod Gaya
Gairon Se To Baatien Karti Bhi Na Thi
Aaj To Unhi Ka Sahara Lena Pad Gaya

70. शायरी 70

मेरी यादों को इस कदर दफना देना
की बाहर निकल कर तुझे परेशान ना कर सके
मेरे साथ बिताए हर लम्हें को भुला देना
की फिर वो तेरी आँखों से आँसू बन के बह ना सके

Meri Yaadon Ko Is Kadar Dafna Dena
Ki Bahar Nikal Kar Tujhe Pareshan Na Kar
Sake
Mere Saath Bitaye Har Lamhein Ko Bhula Dena
Ki Fir Vo Teri Aankhon Se Aansoo Ban Ke Beh
Na Sake

71. शायरी 71

आसमान की उड़ान में
हम गिरते-पड़ते रहे
पर हम भी तो ज़िद्दी पंछी हैं
बेख़ौफ़ उड़ते रहे

Aasman Ki Udaan Mein
Hum Girte-Padte Rahe
Par Hum Bhi To Ziddi Panchi Hain
Bekhauf Udte Rahe

72. शायरी 72

कुछ कमी सी ज़िन्दगी में खल रही है
हाथों की लकीरें एक दूसरे से मिल रही है
ना जाने क्या हो गया है मुझे
की मेरी खुशियाँ आज उदासी में बदल रही है

Kuch Kami Si Zindagi Mein Khal Rahi Hai
Haathon Ki Lakire Ek Dusre Se Mil Rahi Hai
Na Jaane Kya Ho Gaya Hai Mujhe
Ki Meri Khushiyan Aaj Udaasi Mein Badal Rahi
Hai

73. शायरी 73

ज़िन्दगी ने मुझे बहुत कुछ सिखाया है
कांटो के दरियों से रेगिस्तान में भी चलना बताया है
रेहमत है उस खुदा की मुझपे
की मुझे हर मुश्किलों से लड़ने के काबिल बनाया है

Zindagi Ne Mujhe Bahut Kuch Sikhaya Hai
Kaaton Ke Dariyon Se Registan Mein Bhi
Chalna Bataya Hai
Rehamat Hain Us Khuda Ki Mujhpe
Ki Mujhe Har Mushkilon Se Ladane Ke Kabil
Banaya Hai

74. शायरी 74

मुझे कुछ नहीं चाहिए
बस ज़िन्दगी में थोड़ी खुशी ढूंढता हूँ
पर इस ज़माने को तो देखो
मेरी ख़ुशी में भी दुःख की मिलावट कर देती है
जो मैं आसानी से ढूंढ ही लेता हूँ

Mujhe Kuch Nahi Chahiye
Bas Zindagi Mein Thodi Khushi Dhoondta Hoon
Par Is Zamane Ko To Dekho
Meri Khushi Mein Bhi Dukh Ki Milawat Kar Deti
Hai
Jo Main Aasani Se Dhoondh Hi Leta Hoon

75. शायरी 75

इस ज़िन्दगी की कश्ती में तेरा साथ मिल जाए
हर खुशियाँ तू इस दिल की बस्ती में लाए
सुई और धागे जैसा है रिश्ता हमारा
की एक दूसरे से हम दूर रह ना पाए

Is Zindagi Ki Kashti Mein Tera Saath Mil Jaye
Har Khushiyan Tu Is Dil Ki Basti Mein Laye
Sui Aur Dhaga Jaisa Hai Rishta Hamara
Ki Ek Dusare Se Hum Dur Reh Na Paye

76. शायरी 76

कांच की तरह मैं बिखर सा जाऊँ
दर्द को समेट के मैं इस दिल में पाऊँ
कम हो सी जाती हैं तकलीफ़ मेरी
जब तुम्हारे पास मैं चला आऊँ

Kaanch Ki Tarah Main Bikhar Sa Jau
Dard Ko Samet Ke Main Is Dil Mein Pau
Kam Ho Si Jaati Hain Takleefe Meri
Jab Tumhare Paas Main Chala Aau

77. शायरी 77

तुम्हारे पास होता हूं तो सारे दर्द खामोश हो जाते हैं
और इस दिल को
और इस दिल को खुशी-ए-सुकून दे जाते हैं
खुशी-ए-सुकून दे जाते हैं

Tumhare Paas Hota Hoon To Saare Dard
Khamosh Ho Jaate Hain
Aur Is Dil Ko
Aur Is Dil Ko Khushi-E-Sukoon De Jaate Hain
Khushi-E-Sukoon De Jaate Hain

78. शायरी 78

मुश्किलों की ज़ंजीरों से जब हम बंध से जाते हैं
अँधेरी गलियों में हम खुद को पाते हैं
अगर मेहनत की चिंगारी होती है ना दिल में
तो आगे बढ़ के हम कामयाबी को ही गले लगाते हैं

Mushkilon Ki Zanjeeron Se Jab Hum Bandh Se
Jaate Hain
Andheri Galiyon Mein Hum Khud Ko Paate Hain
Agar Mehnat Ki Chingari Hoti Hai Na Dil Mein
To Aage Badhh Ke Hum Kamyabi Ko Hi Gale
Lagate Hain

79. शायरी 79

हम तो उस महफ़िल के टूटे तारे हैं
जिस महफ़िल में कभी आप आया करती थी
अब ये निगाहें तरस जाती है देखने को
वो नशा-ए-रंग जो आप बिखेरा करती थी

Hum To Us Mehfil Ke Toote Tare Hain
Jis Mehfil Mein Kabhi Aap Aaya Karti Thi
Ab Ye Nigaahe Taras Jati Hai Dekhne Ko
Vo Nasha-E-Rang Jo Aap Bikhera Karti Thi

80. शायरी 80

तुम्हारी तस्वीर को मैं अपनी आँखों में बसा लू
बस आ जाओ तुम मेरी तक़दीर में
उस काबिल अपने दिल को तुम्हारे लिए बना लू
उस काबिल अपने दिल को तुम्हारे लिए बना लू

Tumhari Tasveer Ko Main Apni Aankhon Mein
Basa Lu
Bas Aa Jao Tum Meri Taqdeer Mein
Us Kabil Apne Dil Ko Tumhare Liye Bana Lu
Us Kabil Apne Dil Ko Tumhare Liye Bana Lu

81. शायरी 81

हर मौसम में बादल रोया नहीं करते
हर अँधेरी राहों में हम खोया नहीं करते
जनाब ये ज़िन्दगी का दस्तूर हैं
की हर उगते सूरज की प्रकाश में हम सोया नहीं करते

Har Mausam Mein Baadal Roya Nahi Karte
Har Andheri Raahon Mein Hum Khoya Nahi
Karte
Janab Ye Zindagi Ka Dastoor Hain
Ki Har Ugte Suraj Ki Prakash Mein Hum Soya
Nahi Karte

82. शायरी 82

अल्फ़ाज़ों के आसमान से सितारे मैं ले आऊँ
आपके बात करने का अंदाज़ निराला हैं, ये बात मैं आपको
बताऊँ
दोस्ती हैं कुछ ख़ास हमारी
की हस्ती रहे आप, और आप से हसना मैं सिख जाऊँ

Alfaazon Ke Aasman Se Sitare Main Le Aau
Aapke Baat Karne Ka Andaz Nirala Hai, Ye
Baat Main Aap Ko Batau
Dosti Hain Kuch Khaas Humari
Ki Hasti Rahe Aap, Aur Aap Se Hasna Main
Sikh Jau

83. शायरी 83

तेरा रूठ जाना अगर अदा बन जाएगी
मेरी ज़िन्दगी के लिए वो सज़ा बन जाएगी
नाराज़ होना तुमने कहा से सिखा है
मेरे लिए वो फांसी का फंदा बन जाएगी

Tera Rooth Jana Agar Ada Ban Jayegi
Meri Zindagi Ke Liye Vo Saza Ban Jayegi
Naraz Hona Tumne Kaha Se Sikha Hai
Mere Liye Vo Fansi Ka Fanda Ban Jayegi

84. शायरी 84

याद्दाश चली भी जाए मगर
तुझे भुला नहीं पाऊगा मैं
इस दिल-ए-शहर में बसाया है तुम्हे
अपनी आखिरी सांस तक तुमसे प्यार करूँगा मैं

Yaddash Chali Bhi Jaaye Magar
Tujhe Bhula Nahi Paunga Main
Is Dil-E-Shahar Mein Basaya Hai Tumhe
Apni Aakhri Saans Tak Tumse Pyar Karunga
Main

85. शायरी 85

मैंने इश्क़ की इमारत देखी
टूटे दिल का समंदर भी देखा
ना सोयी आँखें सारी रात देखी
देखा, देखा उनमें से गिरते आंसुओं का मंज़र भी देखा

Maine Ishq Ki Imarat Dekhi
Tute Dil Ka Samandar Bhi Dekha
Na Soyi Aankhen Saari Raat Dekhi
Dekha, Dekha Unme Se Girte Aansuon Ka
Manzar Bhi Dekha

86. शायरी 86

तू जान भी ले ले तो भी फर्क नहीं पड़ता है
खुश हूं तेरे बिना मैं
अगर मर जाऊ तो भी फर्क नहीं पड़ता है
तो भी फर्क नहीं पड़ता है

Tu Jaan Bhi Le Le To Bhi Fark Nahi Padta Hai
Khush Hoon Tere Bina Main
Agar Mar Jau To Bhi Fark Nahi Padta Hai
To Bhi Fark Nahi Padta Hai

87. शायरी 87

जिनके लिए सब कुछ किया मैंने
वो मुझे आज धोखा दे गए
एक पल भी नहीं सोचा मेरे बारे में
वो मुझे मरने का मौका दे गए

Jinke Liye Sab Kuch Kiya Maine
Vo Mujhe Aaj Dhoka De Gaye
Ek Pal Bhi Nahi Socha Mere Baare Mein
Vo Mujhe Marne Ka Mauka De Gaye

88. शायरी 88

मुझे मेरी गलती की सज़ा मिल गयी
जब से जुदा हुए हम
लोगो से गुफ्त-गु करना छोड़ दिया मैंने
क्योंकि दुनिया से खफा हुए हम

Mujhe Meri Galti Ki Saza Mil Gayi
Jab Se Juda Hue Hum
Logo Se Guft-Gu Karna Chhod Diya Maine
Kyonki Duniya Se Khafa Hue Hum

89. शायरी 89

कुछ बातें अंदर दफ़न रहने दो
तो ही अच्छा रहेगा
गैरों को कुछ खबर नहीं है
बोला तो तेरी बेवफाई का किस्सा सब को पता चल जायेगा

Kuch Baatein Andar Dafan Rahne Do
To Hi Acha Rahega
Gairon Ko Kuch Khabar Nahi Hai
Bola To Teri Bewafai Ka Kissa Sab Ko Pata
Chal Jayega

90. शायरी 90

ज़िन्दगी ने मेरे साथ ऐसा खेल खेला है
तुझको मुझसे दूर कर के तोडा मरोड़ा है
हुआ करता था मैं हर्षित कभी
अब उदासी के जाल ने मुझको घेरा है

Zindagi Ne Mere Sath Aisa Khel Khela Hai
Tujhko Mujhse Dur Kar Ke Toda Maroda Hai
Hua Karta Tha Main Harshit Kabhi
Ab Udasi Ke Jaal Ne Mujhko Ghera Hai

91. शायरी 91

दुपट्टे के पीछे अपना चेहरा वो छुपाती थी
शर्मीली थी, शर्म को रंगो के पीछे पन्हा वो देती थी
कभी देख न सका उसका चेहरा मगर
वो मलिका-ए-हुस्न कही जाती थी

Dupatte Ke Piche Apna Chehra Vo Chupati Thi
Sharmili Thi, Sharm Ko Rango Ke Piche Panha
Vo Deti Thi
Kabhi Dekh N Saka Uska Chehra Magar
Vo Malika-E-Husn Kahi Jaati Thi

92. शायरी 92

ये जीवन असत्य है
मृत्यु ही सत्य है
मिलेंगे तुम्हे भोले वहां
जहां राम नाम सत्य है

Ye Jeevan Asatya Hain
Mrityu Hi Satya Hai
Milenge Tumhe Bhole Waha
Jaha Ram Nam Satya Hai

93. शायरी 93

ताज्जुब होता है मुझे
की कोई किसी की ज़िन्दगी है
इस कदर, उनके जाने के बाद रोते हो
वो लौट के नहीं आयेंगे वो क्यों नहीं समझते हो
तड़पाना तो उनकी आदत है फ़ितरत है
तुम क्यों नहीं समझते हो
भुला दिया होगा उन्होंने तुम्हे
पर तुम उन्हें क्यों नहीं भुला पाते हो
उनके लिए आँसू ज़ाया कर के
तुम इस कदर क्यों रोते हो
आज भी तुम उनकी यादों में क्यों मरते हो

Tajjoob Hota Hai Mujhe
Ki Koi Kisi Ki Zindagi Hai
Is Kadar, Unke Jaane Ke Baad Rote Ho
Vo Laut Ke Nahi Aayege Vo Kyon Nahi Smjhte
Ho
Tadpaana To Unki Aadat Hai Fitraat Hai
Tum Kyon Nahi Samajhte Ho
Bhula Diya Hoga Unhone Tumhe
Par Tum Unhe Kyon Nahi Bhula Paate Ho

Unke Liye Aansoo Zaya Kar Ke
Tum Is Kadar Kyon Rote Ho
Aaj Bhi Tum Unki Yaadon Mein Kyon Marte Ho

94. शायरी 94

अगर तेरी बाहों में सुकून मिल जाये मुझे
तो थाम लो ना ज़रा
थोड़ा अपने दिल के पास रखना मुझे
की अफ़लाक मिल जाये ना ज़रा

Agar Teri Bahon Mein Sukoon Mil Jaye Mujhe
To Thaam Lo Na Zara
Thoda Apne Dil Ke Paas Rakhna Mujhe
Ki Aflak Mil Jaye Na Zara

95. शायरी 95

तेरे आँखों से आँसू कभी छलके ना
यही दुआ है मेरी उस खुदा से
तेरे होंठों पे मुस्कान रहे हमेशा
यही ख्वाहिश हैं मेरी उस खुदा से
तुझे जन्नत-ए-खुशियाँ मिले
यही फ़रियाद हैं मेरी उस खुदा से

Tere Aankhon Se Aansoo Kabhi Chhalke Na
Yahi Dua Hai Meri Us Khuda Se
Tere Honthon Pe Muskan Rahe Humesha
Yahi Khwahish Hai Meri Us Khuda Se
Tujhe Jannat-E-Khushiyan Mile
Yahi Fariyad Hai Meri Us Khuda Se

96. शायरी 96

मेरी तकलीफ से वाकिफ तुम हो ना भले
मेरी मुस्कान देख के खुश हो जाते हो
खून-ए-अश्कों में रोती हूँ अक्सर
पर जब भी तुम्हारे साथ होती हूँ
तो मेरी ज़िन्दगी को तुम जन्नत-ए-सुकून बना जाते हो

Meri Takleef Se Vakif Tum Ho Na Bhale
Meri Muskan Dekh Ke Khush Ho Jaate Ho
Khoon-E-Ashkon Mein Roti Hoon Aksar
Par Jab Bhi Tumhare Saath Hoti Hoon
To Meri Zindagi Ko Tum Jannat-E-Sukoon Bana
Jaate Ho

97. शायरी 97

बरकत है उस खुदा की मुझपे
की मोहब्बत-ए-इश्क़ तुमसे हुई
ये जो ज़िन्दगी मेरी बंजर बागों सी थी
वो आज खुशबू-ए-फूल तुमसे हुई

Barkat Hai Us Khuda Ki Mujhpe
Ki Mohabbat-E-Ishq Tumse Hui
Ye Jo Zindagi Meri Banjar Baagon Si Thi
Vo Aaj Khushboo-E-Phool Tumse Hui

98. शायरी 98

इस कोरे कागज़ को किताब बनाने वाली भी तुम हो
मेरी कलम से लिखावट को तराशने वाली भी तुम हो
जब से कान्हा जी ने मिलाया हमको
मेरी हर मुस्कराहट की वजह बनने वाली भी तुम हो

Is Kore Kagaz Ko Kitab Banaane Wali Bhi Tum
Ho
Meri Kalam Se Likhavat Ko Tarashne Wali Bhi
Tum Ho
Jab Se Kanha Ji Ne Milaya Humko
Meri Har Muskurahat Ki Wajah Banane Wali Bhi
Tum Ho

99. शायरी 99

बदनामी जो सही हमने तुम्हारी वजह से
आज नज़रों से नज़रे मिला नहीं सकते
खता जो हमने की तुमसे इश्क़ करने की
की तुम्हारी मासूम-ए-सुरत को हम भुला नहीं सकते

Badnami Jo Sahi Humne Tumhari Wajah Se
Aaj Nazaron Se Nazre Mila Nahi Sakte
Khata Jo Humne Ki Tumse Ishq Karne Ki
Ki Tumhari Masum-E-Surat Ko Hum Bhula Nahi
Sakte

100. शायरी 100

कब्र पे ना आना मेरे
मुझे सुकून से सो लेने दो
हर्षित भी कहता हैं
मुझे दफन रहने दो
ना याद करो मुझे
ना अश्क़ बहाओ मेरे लिए
मुझे मेरी कब्र में मरे रहने दो

Kabr Pe Naa Aana Mere
Mujhe Sukoon Se So Lene Do
Harshit Bhi Kehta Hain
Mujhe Dafan Rehne Do
Naa Yaad Karo Mujhe
Na Ashq Bahao Mere Liye
Mujhe Meri Kabr Mein Mare Rehane Do

101. शायरी 101

उसको वापिस सपने में देखा मैंने
फिर से बात-चित होने लगी थी
अरे जब नींद टूटी मेरी, तो याद आया
की वो तो बरसो पहले ही मुझसे दूर हो चुकी थी

Usko Wapis Sapne Mein Dekha Maine
Fir Se Baat-Chit Hone Lagi Thi
Are Jab Neend Tuti Meri, To Yaad Aaya
Ki Vo To Barso Pehle Hi Mujhse Dur Ho Chuki
Thi

102. शायरी 102

उसका जाना मेरी ज़िन्दगी का तोहफा था
की दर्द-ए-जज़्बात की शायरी का पन्ना खुला
पहले तो गमो से रिश्ता ही ना था मेरा
अब तो रोज़ लगा ही रहता है आँखों का अश्कों से मिलना

Uska Jaana Meri Zindagi Ka Tohfa Tha
Ki Dard-E-Jazbat Ki Shayari Ka Panna Khula
Pehle To Gamo Se Rishta Hi Na Tha Mera
Ab To Roz Laga Hi Rehta Hai Aankhon Ka
Ashkon Se Milna

103. शायरी 103

सिलते रहे ख्वाबों को
अपना मुकाम पाने के लिए
मोहल्ले ने बहुत कोसा हमको पर हम थमे नहीं
चलते रहे अपना नाम-ए-तकदीर बनाने के लिए

Silte Rahe Khwabon Ko
Apna Mukam Paane Ke Liye
Mohalle Ne Bahut Kosa Humko Par Hum
Thame Nahi
Chalte Rahe Apna Naam-E-Taqdeer Banane Ke
Liye

104. शायरी 104

दिल लगाया था मैंने ये ना सोच के कि तू चला जाएगा
दिल लगाया था मैंने ये ना सोच के कि तू चला जाएगा
माना तुझे और मिल जाएगी मेरे जैसी
पर मुझे तुझसा ना कोई मिल पायेगा

Dil Lagaya Tha Maine Ye Na Soch Ke Ki Tu
Chala Jayega
Dil Lagaya Tha Maine Ye Na Soch Ke Ki Tu
Chala Jayega
Maana Tujhe Aur Mil Jayegi Mere Jaisi
Par Mujhe Tujhsa Na Koi Mil Payega

105. शायरी 105

कोई है, जो कान्हा की बांसुरी की सरगम हैं
कोई है, जो मेरी राधा और मेरी हम दम हैं
कोई है, जिसकी मोहब्बत ने बनाया है मुझे
जीना क्या होता है सिखाया है मुझे
कोई है, जिसने शायर बनाया है मुझे
जिसने शायर बनाया है मुझे

Koi Hai, Jo Kanha Ki Bansuri Ki Sargam Hain
Koi Hai, Jo Meri Radha Aur Meri Hum Dum
Hain
Koi Hai, Jiski Mohabbat Ne Banaya Hai Mujhe
Jeena Kya Hota Hai Sikhaya Hai Mujhe
Koi Hai, Jisne Shayar Banaya Hai Mujhe
Jisne Shayar Banaya Hai Mujhe

106. शायरी 106

जब चाँद से मोहब्बत की है
तो ज़मीन पे आ के क्या करे
बादलों पे ही घर बनाना पड़ता है
जब मिलना है तक़दीर-ए-इश्क़ से
तो ज़मीन पे आ के क्या करे

Jab Chand Se Mohabbat Ki Hain
To Zameen Pe Aa Ke Kya Kare
Badalon Pe Hi Ghar Banana Padta Hain
Jab Milna Hai Taqdeer-E-Ishq Se
To Zameen Pe Aa Ke Kya Kare

107. शायरी 107

वो मेरी ज़िन्दगी में बहुत ख़ास है
इस दिल-ए-धड़कन के वो सबसे पास है
बिना उसके हम अधूरे
और अधूरी ये सांस है

Vo Meri Zindagi Mein Bahut Khaas Hai
Is Dil-E-Dhadkan Ke Vo Sabse Paas Hai
Bina Uske Hum Adhure
Aur Adhuri Ye Saans Hai

108. शायरी 108

जब मिलती नहीं किस्मत
तो हाथों की लकीरें मिला के भी क्या करे
हम दोनों के फासले इतने लम्बे है
की अब चाँद को अपना महबूब बना के भी क्या करे

Jab Milti Nahi Kismat
To Haathon Ki Lakeeren Mila Ke Bhi Kya Kare
Hum Dono Ke Faasle Itne Lambe Hai
Ki Ab Chand Ko Apna Mehboob Bana Ke Bhi
Kya Kare

109. शायरी 109

ज़िन्दगी का दस्तूर तो देखो
मोहब्बत जिससे हुई वो तो मिली नहीं
उम्मीद यही हैं की कोई मिल जाएगी
नदी किनारे मिले या मिले मुझे बाग़ में
जिसकी छवि मेरे दिल-ए-धड़कन में उतर जाएगी
वो राधा न हुई तो रुक्मिणी ही सही
जो मुझे समझ पायेगी
एक दिन जरूर वो मुझे मिल जाएगी

Zindagi Ka Dastoor To Dekho
Mohabbat Jisse Hui Vo To Mili Nahi
Ummeed Yahi Hain Ki Koi Mil Jayegi
Nadi Kinare Mile Ya Mile Mujhe Baag Mein
Jiski Chhavi Mere Dil-E-Dhadkan Mein Utar
Jayegi
Vo Radha Na Hui To Rukmini Hi Sahi
Jo Mujhe Samjh Payegi
Ek Din Zarur Vo Mujhe Mil Jayegi

www.ingramcontent.com/pod-product-compliance
Lightning Source LLC
Chambersburg PA
CBHW031334160726
47993CB00002B/667